AF232297

MÉMOIRE

A L'ASSEMBLÉE NATIONALE

POUR

LA COLONISATION DE L'ALGÉRIE

ET L'AMÉLIORATION

DU RÉGIME PÉNITENTIAIRE,

PAR

M. A. AURELY.

VILLENEUVE-SUR-LOT,

Imprimerie de G. LEYGUES, Porte Casseneuil, sur la Cale.

1871.

MÉMOIRE
A L'ASSEMBLÉE NATIONALE
POUR
LA COLONISATION DE L'ALGÉRIE
ET
L'Amélioration du Régime Pénitentiaire.

Je propose la fondation de pénitenciers agricoles en Algérie, dans le département de la Corse et sur le continent.

Ces établissements comprendraient :

1º Un domaine de trois cents hectares de bonne terre ;

2º Un bâtiment de détention, avec cuisines, infirmerie, salle d'école, chapelle, &ᵃ ;

3º Un bâtiment d'administration pour les employés ;

4º Une caserne pour la gendarmerie ou la troupe ;

5º Enfin, les constructions nécessaires dans une grande ferme.

Ces pénitenciers seraient fondés aux frais des particuliers, qui seraient aussi obligés d'entretenir les prisonniers et de fournir à chaque détenu, au moment de sa libération, l'habillement selon la saison, l'argent nécessaire pour se rendre à sa destination et un mandat sur la poste de 50 francs.

Les domaines seraient mis en plein rapport, dans toute leur étendue, dans l'espace de quatorze ans , et partagés par moitié entre les particuliers et l'État.

Le Gouvernement aurait seulement à payer ses employés et ses gardiens et un prix de journée de détention à débattre, en prenant pour base celui des pénitenciers agricoles de la Corse, déduction faite, bien entendu, de toutes les dépenses de premier établissement.

I.

Deux grands résultats peuvent être obtenus par le moyen proposé: la colonisation de l'Algérie d'abord et ensuite l'amélioration de notre régime pénal.

J'estime que cent pénitenciers agricoles, qui seraient les noyaux principaux d'autant de villages français parsemés en Afrique, peuvent être créés avec le nombre de prisonniers de tout genre qu'il y a aujourd'hui, et cinquante autres, à chaque période de quatorze années, avec les prisonniers qu'on a en temps ordinaire : trois cents condamnés suffisent par établissement et il y a le plus grand avantage à aller former, un peu plus loin, de nouvelles fermes, aussitôt que les premières entreprises seraient achevées.

La coopération des particuliers est indispensable non-seulement pour trouver les capitaux nécessaires, mais encore pour assurer l'œuvre de la colonisation, qui ne peut être obtenue autrement, et dans laquelle on échouera toujours avec l'élément des employés que la force des choses rend irresponsables. Être essentiellement moral, l'État ne saurait intervenir efficacement que pour exercer un contrôle moral; on n'aura que des échecs toutes les fois qu'il se mêlera de gestions matérielles.

Le moyen proposé renferme toutes les conditions nécessaires de réussite : bras nombreux assurés, puissant levier de l'initiative et de l'intérêt privés et capitaux considérables pour les frais de première installation et d'amélioration foncière.

Il y a en France deux millions de pauvres et quarante mille condamnés libérés, et , lorsqu'on caressait une affreuse utopie, l'adoption du système cellulaire par lequel on espérait améliorer notre régime pénal actuel, un Inspecteur général a évalué à près de 200 millions la dépense qu'il aurait fallu pour opérer cette transformation. Dans le projet en question, il s'agit, non-seulement d'isoler les prisonniers pendant la nuit, mais encore d'acheter de vastes étendues de terrains et d'y faire toutes les améliorations foncières.

Si grande que soit la dépense à faire dans cette entreprise patriotique et humanitaire, les fonds nécessaires ne feront pas défaut si le Gouvernement veut sérieusement qu'un grand bien se réalise et consent à donner un prix raisonnable pour chaque journée de détention. Les frais que lui occasionnent actuellement les prisonniers et qui constituent une pure perte de plus de quatorze millions par an, ne seraient pas accrus d'un manière considérable, et il en serait largement dédommagé par la grandeur du résultat obtenu, par la vente des établissements qu'occupent les maisons centrales, par la vente des vastes étendues de terrains qu'il possède en Algérie et par la valeur de la moitié des riches fermes qui seraient créées.

Un grand nombre d'actionnaires iraient en Algérie surveiller eux-mêmes leurs intérêts, et s'y établiraient, les uns temporairement et les autres définitivement; de nombreuses familles d'ouvriers y accourraient de tous les points de la France, certaines d'y trouver un travail rémunérateur; et si l'État, moyennant de faibles redevances pendant les vingt premières années, concédait de petites métairies déjà mises en plein rapport, de nombreuses familles d'agriculteurs pauvres et de détenus libérés bien méritants, se grouperaient autour des établissements proposés parce qu'ils y trouveraient une existence assurée en travaillant sur leurs propres terres, et à la journée, chez des voisins, s'il leur restait du temps, et y mèneraient la vie paisible de nos petits propriétaires des campagnes.

On aiderait, de la sorte, la France à se relever promptement de ses désastres par l'accroissement de sa population et de ses richesses. C'est vers la colonisation, qui est notre meilleure planche de salut, que tout bon Français doit aujourd'hui tourner les regards, si on veut sérieusement prendre une revanche avec notre puissant et impitoyable ennemi, qui tient dans ses mains les clefs de notre pays, et peut, d'un seul bond, se jeter facilement sur notre capitale et ravager le tiers de nos départements. Relégués que nous sommes maintenant presque entre la Loire et les Pyrénées, n'ayant pas de forces suffisantes à opposer à ses convoitises, songeons que nous possédons, aux portes de Marseille et de Toulon, une colonie sans fin où fleurissait autrefois un grand peuple qui contrebalança et même faillit terrasser la puissance des Romains, et dont nous n'avons pas encore su tirer bon parti, parce que nous sommes trop routiniers et que nous voulons toujours procéder par le fonctionnarisme, qui est impuissant et qui a tout gâté chez nous, même nos qualités militaires, dans lesquelles nous étions réputés maîtres. Songeons que nous nous étiolons et nous nous décimons dans un coin de l'Europe, et que la race Anglo-Saxonne, par la colonisation, et la race Germanique, par l'émigration, se répandent à profusion sur les deux émisphères, de sorte qu'il y a aujourd'hui sur notre planète près de deux cent millions d'Anglais et plus de cent millions d'Allemands, tandis que nous ne sommes pas cinquante millions de Français. Méditons attentivement sur ce triste rapprochement et sachons prendre les résolutions patriotiques les mieux conçues et les plus inébranlables.

II.

Avec les pénitenciers agricoles, on parviendrait d'une manière certaine à améliorer considérablement notre système pénitentiaire, reconnu vicieux, imperfectible et nuisible par les meilleurs esprits.

En adoptant l'emprisonnement comme base du nouveau système pénal, on a eu pour but de punir et de réformer tout à la fois les criminels; mais malheureusement le résultat désiré n'a pas été obtenu, malgré les plus louables efforts, et de toutes parts les invectives les plus acerbes et les blâmes les plus sévères s'élèvent aujourd'hui contre l'emprisonnement.

M. Desprez juge que l'emprisonnement « ne fait qu'emmagasiner toutes les turpitudes qu'il numérote, qu'il étiquette, et qu'au bout d'un certain temps, il remet en circulation avec les intérêts du vice capitalisés pendant le temps de la détention » ; que tous les vices se trouvent réunis en lui pour rendre impossible l'amendement des condamnés ; que les insuccès obtenus tiennent beaucoup plus à la nature des moyens employés qu'à la perversité des détenus; qu'il n'y a rien de bon à en attendre, et il conclut qu'il faut se hâter de l'abandonner pour échapper à ses conséquences fatales.

Le règlement du 10 mai 1839, si bien conçu et si nécessaire pour le maintien de l'ordre et de la discipline dans les prisons, est cependant contre nature ; il aigrit et rebute le prisonnier dont il fait un insubordonné ou un hypocrite : l'expérience a prouvé que les sujets qui se conduisent le mieux en prison, sont souvent les plus méchants, les plus dangereux et les récidivistes.

«A la suite des réformes apportées par cet arrêté, dit encore M. Desprez, l'emprisonnement a donné tous les résultats qu'on pouvait en tirer : les vices tenant à la mauvaise administration ont disparu , ceux qui restent appartiennent en propre au système lui-même ; ce contraste de l'ordre matériel et de la discipline extérieure qui règnent dans une prison , avec une corruption morale toujours croissante et poursuivant sa marche comme une loi naturelle, et cette impuissance de tous les règlements et des précautions les plus multipliées et les plus actives pour arrêter ou diminuer la contagion, est la meilleure preuve que l'emprisonnement est un système tout-à-fait sans issue, qui reverse dans la société, plus méprisables et infiniment plus corrompus, ceux dont il s'empare.»

« Les détenus, disait un Inspecteur général, avec M. de Tocqueville, se soumettent à la nouvelle discipline, mais ils ne se corrigent pas ; une grande partie des libérés se font condamner dans ''année qui suit leur sortie de prison. »

« Les raisons de ces récidives sont bien connues ; il est malheureusement vrai que le système des peines maintenant organisé n'a rien de correctif en lui-même ; qu'il ne tend pas le moins du monde à l'amélioration, à la réforme morale de celui qu'il atteint, que loin de sortir repentant ou corrigé des bagnes et des maisons de force, le condamné n'en sort que plus incorrigible, plus corrompu, plus instruit surtout des moyens de renouveler ces mêmes actes ou des actes plus coupables. Vous remarquerez , d'ailleurs , qu'à part la déplorable instruction qu'il a trouvée dans le contact de gens plus criminels ou plus adroits que lui , repoussé qu'il est par la méfiance universelle , et par suite, privé de presque tout moyen d'existence, il se trouve trop souvent rejeté par le besoin, par le désespoir, dans l'impénitence et dans le crime. » *(Boitard)*.

« Les désordres extérieurs qui choquaient plus les regards ont disparu ; les prisons ont pris l'aspect soumis et austère qui leur convient.......

« Mais qu'a-t-on obtenu, quant aux objets que tout système pénitentiaire a en vue, savoir : la réforme des criminels et la diminution des crimes ?

« Presque tous les Inspecteurs généraux semblent croire que la réforme obtenue n'est ni étendue ni profonde. Parmi les Directeurs des prisons, quelques-uns nient positivement qu'il y ait eu réforme morale, quoique leur intérêt personnel dût les porter à présenter les choses sous un autre jour....

« La commission a donc eu raison de dire que notre système d'emprisonnement a exercé une grande influence sur l'accroissement graduel des crimes. S'il ne faut pas s'exagérer outre mesure cette influence, il serait déraisonnable de nier qu'elle ne soit très-considérable et qu'elle ne mérite d'attirer l'attention du Gouvernement et des Chambres. » *(De Tocqueville)*.

Lisez tous ceux qui ont écrit ou parlé sur la question des prisons, et vous resterez convaincu que l'emprisonnement est un cercle vicieux, un système nuisible qui a fait plus de mal que de bien, et vous constaterez qu'ils sont unanimes, depuis une vingtaine d'années, à demander sa réforme par un régime agricole :

« Au lieu, disait en 1850, M. Corne à la Chambre, de laisser ces jeunes gens se corrompre sans retour, dans l'effroyable milieu où la maison centrale les retient, combien il serait désirable qu'on les formât en colonies agricoles, où il leur serait permis de redevenir d'honnêtes et laborieux ouvriers, et où leurs forces appliquées à toute espèce d'amélioration du sol, tourneraient au profit de la richesse territoriale du pays. »

« Il y a, on ne saurait en disconvenir, plus de gages pour la société dans un régime qui se propose de former des hommes honnêtes et intelligents pour l'agriculture, que dans le régime industriel d'une prison, quelque bien administrée qu'on la suppose. Il est incontestable que la vie des champs est plus propre que celle de la prison au développement des forces physiques des jeunes détenus, et à l'entretien de leur santé ; peut-être aussi à la conservation de leurs mœurs. » — (*Code des Prisons*, I, P. 279).

« Il y a certainement pour la morale un avantage considérable à remplacer le travail fait dans l'ombre d'une prison, par un travail accompli en plein air. Je parle au milieu d'hommes accoutumés à voir de près la vie des cultivateurs ; ils savent comme moi, combien il serait salutaire d'imposer aux coupables le travail le plus naturel à l'homme, le travail le plus viril, celui qui est à la fois le plus fortifiant pour l'âme et pour le corps, celui qui s'accomplit dans les champs à la face du soleil. » — (Jules Simon à la Chambre de 1863).

III.

Dans les maisons de force, le prisonnier est tellement séparé de la société, qu'il finit peu à peu par la perdre tout-à-fait de vue, et comme l'homme est un être sociable, il s'attache à ses co-détenus; ils lient ensemble des relations coupables pendant qu'ils sont en prison, et forment des projets criminels pour l'avenir. Dans un pénitencier agricole, au contraire, le détenu aura, pour ainsi dire, un pied dans la société, il pourra tous les jours en apprécier les avantages, et il tournera toutes les facultés de son esprit vers cette société dans laquelle il cherchera à rentrer et à savoir se maintenir, au lieu de songer à faire des connaissances qui peuvent le perdre de nouveau, il est vrai, mais qui n'en troublent pas moins l'ordre public.

Examinons les bases principales sur lesquelles il faudrait asseoir un pénitencier agricole, au point de vue de l'amendement des condamnés:

Les détenus devraient être isolés complètement les uns des autres, pendant la nuit: c'est le système cellulaire, il est vrai, mais seulement pour le temps du repos et du sommeil, comme dans la vie libre, et mitigé par le travail en commun et au grand air, pendant le jour.

Il faut absolument, si l'on veut une réforme sérieuse qui permette d'espérer de bons résultats, supprimer les dortoirs communs, ces foyers de contagion, ces lieux de souffrances, où, par la force des choses, les plus forts surveillent et soumettent les plus faibles. Ce serait faire disparaître l'un des plus grands vices des maisons centrales, la source principale de l'endurcissement, de l'abrutissement et de la perdition des condamnés.

La règle du silence, si sévère, n'aurait plus de raison d'être, par suite de l'isolement des prisonniers et du travail dans les champs.

Il faut que la nourriture soit saine et assez abondante pour pouvoir supprimer, au besoin, la cantine, qui est une violation du principe de l'égalité devant la peine, qui est nuisible, dans certains cas, et dont l'utilité est contestée.

Les récompenses devraient consister en bons points ayant pour effet d'abréger d'un dixième de journée la durée de la peine, en concessions de terrains aux détenus très-méritants, s'ils sont mariés et s'ils veulent s'établir définitivement en Algérie, et en inscriptions sur le tableau des propositions de grâces.

On a vu plus haut la part large qui a été faite à la masse de réserve, c'est-à-dire à l'argent à remettre au condamné au moment de sa mise en liberté: frais d'habillement et de voyage, et de plus un mandat sur la poste de 50 francs, qu'il touchera en arrivant à sa destination. Mais ce n'est pas sur des allocations en argent que l'on doit compter pour obtenir de bons résultats, c'est seulement sur des concessions de terrains qu'il faut espérer pour empêcher que la plupart de ces malheureux ne se traînent toute leur vie d'une prison à l'autre, ne troublent le repos des honnêtes gens et ne fatiguent la justice et l'administration. L'argent, ainsi qu'on l'a constaté sur les condamnés libérés, sur les marins et les remplaçants militaires, est vite dissipé, on sait comment, et devient quelquefois une occasion de rechute. Il ne saurait en être autrement pour des individus dont la condition change subitement d'une extrémité à l'autre, qui passent sans transition d'un état de gêne et de contrainte à la vie libre et à une aisance momentanée ; les mauvais instincts longtemps comprimés, se réveillent brusquement chez eux et peuvent facilement les conduire au précipice. Cette masse, d'ailleurs, est insignifiante en ce moment, et la statistique criminelle nous révèle que sur 2,518 individus repris dans les trois premières années de leur libération, 376 étaient sortis de prison sans pécule ou avec moins de 20 fr., et que 1,046 libérés ont été ramenés devant la justice, dans la période de 1860-1865, pour vagabondage, mendicité, rupture de ban et autres délits qui accusaient un dénuement complet.

Il faut apprendre à fond l'art de l'agriculture aux prisonniers, afin qu'ils puissent avoir en main un état utile pour eux et pour la société, un état qui leur permette de trouver du travail toujours et partout. Dans les maisons centrales, le détenu oublie son état s'il en avait un, et n'en apprend aucun ; par la force des choses il n'est employé qu'à un travail parcellaire qui fait de lui une machine et non pas un ouvrier.

Et quand même on lui apprendrait une profession industrielle, trouvera-t-il au lieu de sa résidence à pouvoir s'occuper ?

D'abord on n'exploite pas partout certaines industries, et ensuite, ne rencontrera-t-il pas pour obstacle les ouvriers qui n'ont jamais eu de compte à rendre à la justice et qui le repousseront, parce qu'ils ne voudront pas se trouver côte à côte, dans le même atelier ou chantier, avec un condamné libéré ?

Les grandes agglomérations qu'on rencontre dans les maisons centrales, sont, tout à la fois, une grande imprudence commise par la société et un obstacle insurmontable pour l'amendement des condamnés, parce qu'elles constituent des masses trop compactes et impénétrables, et qu'il est impossible qu'une administration, si intelligente et si active qu'elle soit, puisse étudier chaque individu à part, savoir ce qu'il vaut et ce qu'on peut attendre de lui; et parce que les malfaiteurs peuvent en plus grand nombre, se reconnaître et se concerter pour des projets criminels, soit pendant la détention, soit pour après.

D'un autre côté, l'élément moralisateur ne se trouve pas suffisamment représenté dans nos maisons de force, bien que les employés y soient assez nombreux; il n'y a, pour la chose la plus importante de toutes, que deux fonctionnaires : le Directeur et l'Inspecteur; l'Instituteur et l'Aumônier n'ont, et j'ajouterai même ne peuvent avoir aucune latitude, de peur de troubler la tranquillité de l'établissement, tant il est vrai que notre système pénitentiaire actuel est défectueux et imperfectible.

Il ne devrait y avoir, dans un pénitencier agricole, que 300 détenus environ, et la meilleure composition d'un personnel administratif devrait comprendre : 1° un chef avec six collaborateurs, dont deux instituteurs, deux aumôniers et deux médecins; 2° un gardien pour chaque vingtaine de prisonniers à peu près, ayant les titres, les devoirs et et les droits réciproques de commandant, capitaine, lieutenant et de sergents, afin d'établir entre eux une hiérarchie bien combinée et une solidarité intime.

Un personnel semblable suffirait dans un pénitencier agricole où toutes autres écritures que celles du greffe proprement dit, seraient tout-à-fait inutiles et pourraient être supprimées sans aucun inconvénient.

L'administration pénitentiaire compte maintenant à peu près quatre mille employés, y compris les bureaux centraux et les gardiens comptables chargés du service des voitures cellulaires pour le transfèrement des prisonniers d'un lieu à un autre. La réforme proposée n'exigerait donc que sept employés de l'ordre administratif et vingt préposés à la garde des prisonniers, soit en tout vingt-sept employés pour chaque pénitencier comprenant trois cents condamnés, et deux mille sept cents pour cent établissements, c'est-à-dire, que, malgré la création d'un nombre considérable de prisons, il n'y aurait pas une augmentation de dépenses pour le personnel, et que l'on pourrait même améliorer la position de chaque employé et réaliser des économies.

IV.

Jusqu'à ces derniers temps , tout le monde pensait qu'il était impossible de s'opposer aux évasions, si les prisonniers n'étaient pas tenus constamment entre quatre murs, et cette considération est une des principales causes qui ont empêché de renoncer au régime des maisons centrales et de le remplacer par celui des pénitenciers agricoles. Aujourd'hui ce préjugé, — car vraiment c'en était un, — se trouve dissipé par plusieurs années d'expérience faite sur une vaste échelle et couronnée d'un plein succès, et il est parfaitement démontré que les condamnés peuvent être occupés à des travaux extérieurs, dans les champs, sans faire courir de dangers à la société. En ma qualité d'employé, depuis douze ans, dans les pénitenciers agricoles de la Corse et les maisons de force du continent, auprès de détenus de tous âges : enfants, jeunes adultes et vieux condamnés, je pourrais prendre sur moi d'affirmer qu'il n'y a pas, parmi les prisonniers, trois cents individus qui puissent compromettre la sécurité publique, si on adoptait le régime agricole, où les évasions peuvent être plus fréquentes, mais je préfère, sur cette question , laisser la parole à l'administration pénitentiaire, dont l'autorité et la compétence sont incontestables et incontestées:

« Tous les condamnés étaient appliqués aux travaux industriels dont l'exploitation est autorisée dans l'intérieur des maisons centrales, avant le décret réparateur du 25 février 1852, qui a permis d'employer les bras des détenus à des travaux extérieurs, plus conformes aux habitudes laborieuses, à l'aptitude physique, à l'âge et surtout à l'origine de plus de la moitié de cette population de détenus. Ceux qui proviennent des campagnes et qui sont au nombre de 10,000, ainsi que je l'ai relaté plus haut, sont inhabiles aux industries dont ils font l'apprentissage dans les établissements. Accoutumés aux travaux de la terre, la plupart apprennent difficilement un métier industriel. C'est donc une sage et salutaire combinaison que la mesure éditée par le décret de 1852. Les premiers essais tentés dans cette voie auprès des maisons centrales de Fontevrault et de Clairvaux, ont pleinement réussi. Une colonie de deux cents condamnés a défriché et mis en culture des fermes acquises dans le voisinage du premier de ces établissements.

« A Clairvaux, des brigades de condamnés ont été employées aux terrassements d'un chemin de fer de la région de l'Est.

« Dans ces dernières années, un certain nombre de condamnés de Belle-Isle-en-Mer ont été occupés à des travaux agricoles dans plusieurs exploitations rurales.

«Mais, pour réaliser complètement l'exécution du décret du 25 février 1852, il était nécessaire de tenter l'expérience sur une grande échelle, avec un chiffre de condamnés équivalent à celui d'un grand établissement. Dans ce but, l'administration a acquis de vastes terrains incultes aux bords du golfe d'Ajaccio, et y a fondé, en 1855, le pénitencier agricole de ce nom et la colonie horticole de St-Antoine.

«Le travail a eu lieu à ciel ouvert. Les tentatives d'évasion, nombreuses au début, ont dû s'arrêter devant l'impossibilité de les effectuer. A peine échappés, les fugitifs étaient aussitôt repris et réintégrés.

«Dès l'origine, ces deux établissements ont reçu, le premier 1,000 condamnés adultes, le second, 500 jeunes détenus, qui ont été employés au défrichement et à la mise en culture de 2,500 hectares de terre.

«Quant au pénitencier de Chiavari, sorti de la période d'installation, il est en pleine activité. Son effectif moyen a été, en 1862, de 900 détenus, occupés, les uns à continuer la plantation de la vigne et des oliviers, à exécuter des travaux d'irrigation nécessaires pour fertiliser les terrains affectés aux productions fourragères; les autres ont fait des chemins, des routes destinés à relier entre eux les différents centres d'exploitation et à assurer les communications avec

Ajaccio. L'élève de bestiaux des espèces bovine, ovine et porcine, choisis parmi les meilleures races, y réussit et prospère; elle deviendra, avec la culture de la vigne, une source de produits qui compenseront les sacrifices inhérents à l'origine de ces institutions.

« En 1860, votre prédécesseur, Monsieur le Ministre, a complété cette œuvre de colonisation en acquérant, à Casabianca, sur la côte orientale de la Corse, un domaine particulièrement propre à la culture des céréales, et sur lequel a été créé le nouveau pénitencier de ce nom.....

« Son effectif a été, en 1862, de 300 condamnés. »

(Statistique des prisons pour l'année 1862).

« Le remplacement du travail réclu par le travail agricole, a cessé d'être une question insoluble. L'essai qui se poursuit activement dans les pénitenciers agricoles de la Corse et *dans trois de nos maisons centrales*, a pleinement réussi. Ce premier succès acquis, non sans efforts *coûteux*, indique pour l'avenir la solution du grand problème pénitentiaire ; il démontre que la discipline et la sûreté ne sont pas incompatibles avec le régime exceptionnel et le mode de détention qu'exigent les travaux des champs. »

(Statistique des prisons pour l'année 1863).

« La maison centrale de Clairvaux emploie dans les forêts qui l'avoisinent des détachements de condamnés *réclusionnaires* et *correctionnels* à l'abattage et au débit du bois, soit pour le service de l'établissement, soit pour le compte de l'administration forestière ou des communes. Des brigades de détenus ont exécuté, en 1854 et 1855, les terrassements du chemin de fer de Mulhouse. Les cultivateurs et les marchands de bois recherchent chaque année le travail des détenus.

« La portion la plus valide des forçats sexagénaires détenus dans la maison de Belle-Isle — 30 0/0 —, travaille dans des exploitations agricoles ou à des terrassements. Les tentatives d'évasion sont presque nulles dans ces deux maisons ; il n'y en a pas eu à Belle-Isle, et on n'en compte que trois à Clairvaux pendant les cinq dernières années. »

(Statistique des prisons pour l'année 1865).

V.

Il est évident qu'à partir du jour où toutes ces déclarations étaient faites, l'administration pénitentiaire aurait mis à exécution, sur une grande échelle, la réforme si désirée de notre système pénal, si des difficultés pécuniaires ne s'y étaient opposées.

L'État ne pourra jamais disposer des sommes considérables qui sont nécessaires pour une telle entreprise ; il est même à désirer qu'il ne puisse jamais en avoir pour un tel emploi, parce qu'il sortirait de son vrai rôle, qui est celui d'un contrôle moral et parce qu'il échouera toujours dans des affaires pareilles que l'intérêt privé peut exécuter avec plus d'économie, plus vite et, je dirai même, mieux que lui. On n'aurait pas encore en France un réseau de chemins de fer aussi avancé et aussi bien réglé, si l'État, à supposer qu'il eût eu à sa disposition les capitaux nécessaires, s'était chargé lui-même de l'exécution des travaux et de l'exploitation de ces voies ferrées.

Lorsque l'État fait des essais, comme ceux des pénitenciers agricoles de la Corse, de Belle-Isle-en-Mer et de quelques autres maisons centrales du continent, il mérite toutes louanges; étant plus éclairé que les simples particuliers, il a le droit et le devoir de les éclairer et de chercher à dissiper les préjugés publics. Mais son action, surtout dans l'espèce, doit se borner là et il ne saurait franchir certaines limites sans faire des pertes certaines, sans imposer aux citoyens des charges trop lourdes, sans accumuler des dangers sérieux, en un mot, sans nuire aux intérêts généraux de la nation. Le rôle de l'État, je le répète, est celui du contrôle; lorsqu'il en sort, il outrepasse ses pouvoirs et il usurpe sur les particuliers d'une manière calamiteuse.

VI.

En temps ordinaire la population prisonnière se trouve admirablement composée pour des établissements agricoles.

Avant la condamnation, près de la moitié — 48 0/0 — des détenus, est occupée aux travaux de la terre ; un quart passé est formé d'individus sans profession, de domestiques dans les villes, de mendiants, de vagabonds et de gens sans aveu ; et le dernier quart à peu près contient les gens de métiers nécessaires dans une colonie et quelques individus appartenant aux professions libérales.

Tout le monde peut trouver place dans des pénitenciers agricoles, même les individus étrangers aux travaux manuels, les estropiés et les vieillards, les uns pour tenir les écritures et servir de moniteurs à l'école, les autres pour la garde des troupeaux, les soins de la basse-cour, les travaux légers, tels que le jardinage, le sarclage, le binage et l'épierrement des champs, dont le travail est si varié et permet d'utiliser toutes les forces.

Il y a un grand intérêt à ne pas détourner des travaux agricoles les individus qui y sont nés, et à y attirer tous ceux que l'on pourra. Il est reconnu que la vie des champs est très-favorable à l'amendement des condamnés, qu'elle n'offre pas comme celle des villes des occu-

sions de débauches et des tentations de tout
genre.

« Cette immense population de nos campagnes, la plus saine et la plus sage partie de la
nation, celle qui constitue la meilleure partie
de sa richesse et de sa puissance, a pour principales vertus ses habitudes sobres, patientes,
économes, et son obstination héroïque dans le
travail continué jusqu'à la mort. C'est avec ce
seul viatique que le paysan accomplit sa carrière et supporte tout le poids d'une rude existence ; stoïcien sans le savoir, ignorant les maxi-
mes des philosophes et leurs théories sur le bien
et le mal ; étranger à tous les raffinements de
la conscience, sa forte discipline le préserve du
mal et il arrive à la fin de sa carrière, sans lutte
avec la loi, laissant le sol fécondé, enrichi et une
famille qu'il a élevée à suivre son laborieux sil-
lon. » — *Desprez.*

J'ai indiqué un moyen économique et prati-
que pour attirer dans cette bonne voie un grand
nombre de malheureux qui troublent la société
pendant leur liberté et lui imposent de grands
sacrifices pendant leur détention, un moyen,
dis-je, qui débarrasserait de tous ses défauts
notre régime pénitentiaire et permettrait d'espérer — car on ne peut jamais affirmer d'une
manière absolue lorsqu'il s'agit de la nature hu-
maine, si complexe et si mystérieuse — l'amé-

lioration morale des criminels, pour le repos des honnêtes gens : à la contagion du travail sédentaire et des dortoirs communs, on opposerait l'isolement pendant la nuit , et le travail dans les champs , pendant le jour, ce qui ferait s'évaporer au grand air les vices immondes qui naissent et se développent dans les prisons. Au travail parcellaire et industriel, qui n'est d'aucune utilité pour le libéré , on substituerait le travail agricole qui lui permettra, partout et en toutes saisons, de pouvoir gagner sa vie honnêtement. Ces grandes agglomérations de malfaiteurs qui sont une pure maladresse commise par la société , qui accumule ainsi, sans s'en douter, des dangers réels contre elle, se trouveraient disséminées.

Le moyen proposé établirait une véritable ligne de démarcation, une harmonie parfaite entre les intérêts de l'État et ceux des particuliers, assurerait promptement la colonisation de l'Algérie, pour le bien de la France, et réduirait d'une manière notable, ou au moins ferait fructifier une dépense de plus de 14 millions, sans compter les frais de capture et de justice, occasionnés par les récidivistes, que le trésor renouvelle chaque année en pure perte.

La réalisation de ce projet dépend seulement du prix de la journée de détention qui serait alloué aux particuliers et qui devrait être calculé d'après les dépenses actuelles du trésor, l'importance des capitaux à engager, la valeur des fermes qu'il s'agit de créer et les résultats qu'on obtiendrait au double point de vue de la colonisation de l'Algérie et de l'amendement des condamnés.

En soumettant ce travail à l'Assemblée Nationale, je crois faire acte de bon Français et j'espère que dans sa sagesse et son patriotisme, elle daignera l'examiner avec son attention et sa bienveillance accoutumées.

Villeneuve-sur-Lot, Imprimerie LEYGUES, Porte Casseneuil.

www.ingramcontent.com/pod-product-compliance
Lightning Source LLC
Chambersburg PA
CBHW051159050726
47594CB00007B/2972